This Book Belongs To

_____

The following words can be found in the diagram below reading forward, backward, up, down and diagonally. Find the words and circle them.

pitchfork	goo
hat	tomb
skeleten	brain
pirate	ogre
enchant	boo
goosebumps	cat

```
S X J P T N T A M Y X S B L T E
P F C J S I S Z I N Q V M S N B
M E C Q J C A Y V N R B W C A N
U P A U S R F L W I V R H O R E
B O T O Z B E U N X V A S N E T
E U O C Q B U M C K N I G U B E
S B M G X U B M K T L N Q A L L
O O R F F F O R C B X Q F R E E
O O I H G D O T J N A D P N K K
G N H M Z F G T C A E T G K Z S
I L W Z H R N E A V K D P T R P
X G C C I T K U T E X U O I R A
T Q T J E N I W B M W W G X Z L
R I Q B O X E X R E T A R I P O
P R K S P F B H F V X P E A L X
H A T W M K S I H S T O M B U Z
```

Color Me In

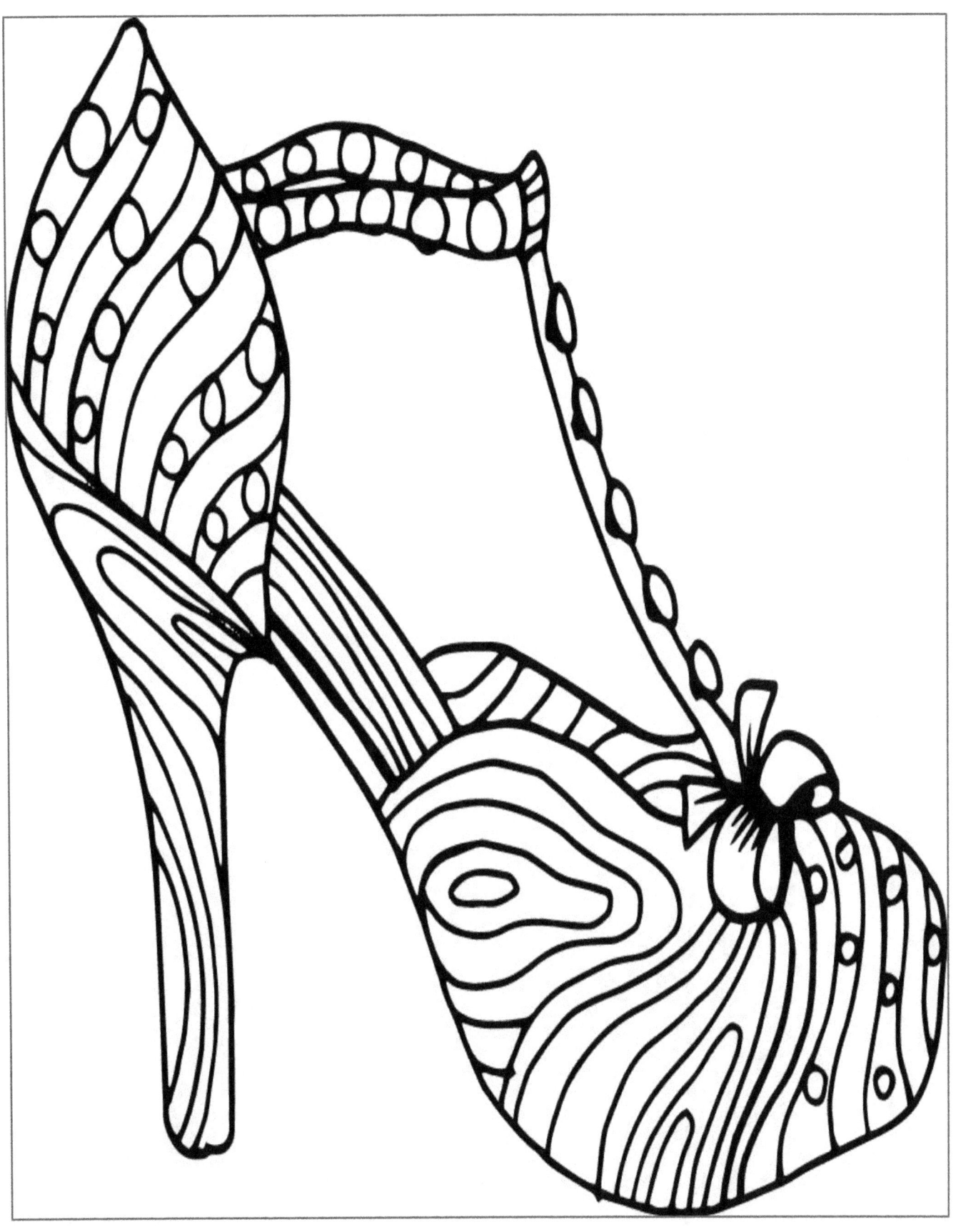

Each of these Cryptograms is a message in substitution code. THE SILLY DOG might become UJD WQPPZ BVN if U is substituted for T, J for H, D for E, etc. One way to break the code is to look for repeated letters. E, T, A, O, N, R and I are the most often used letters. A single letter is usually A or I; OF, IS and IT are common 2-letter words; try THE or AND for a 3-letter group. The code is different for each Cryptogram.

1. Fymptfq yf uogmp ti iy luozmtczb oi mpu ctfob pysb yf Pobbysuuf ftqpm.

2. Dzabmb frg davtwrb xaej ma otfu ar mzj swrft gfu as Axmavjp!

3. Uvtlboc pjqo j cljlopoil. Utclnpoc lovv j cltgm.

Have a hula-hooping contest—see who can keep the hoops spinning longest and who can twirl the most hoops.

What do I need to do this activity?	Notes

Insert a different letter of the alphabet into each of the 26 empty boxes to form words reading across. The letter you insert may be at the beginning, the end or the middle of the word. Each letter of the alphabet will be used only once. Cross off each letter in the list as you use it. All the letters in each row are not necessarily used in forming the word.

Example: In the first row, we have inserted the letter Z to form the word OZONE

A B C D E F G H I J K L M N O P Q R S T U V W X Y Z̶

K	Q	S	B	C	O	Z	O	N	E	E	Y	B
A	A	A	F	P	I		A	T	E	M	A	S
P	O	P	C	O	R		A	M	K	C	Y	O
Y	M	A	W	H	E		I	L	E	F	P	E
X	J	D	E	A	T		B	G	N	O	X	Y
X	D	Q	L	I	N		P	I	R	I	T	P
X	T	E	R	R	I		Y	O	D	E	A	N
H	C	T	R	O	L		S	V	R	P	T	P
B	J	X	S	U	S		A	T	W	I	D	M
M	M	A	S	Q	U		R	A	D	E	O	J
R	M	O	R	B	I		K	J	S	R	Z	I
B	G	Q	Q	H	E		R	T	V	O	A	K
H	Z	B	L	D	C		A	C	K	Y	P	M
G	N	X	B	B	V		A	R	T	Y	C	M
L	J	K	U	U	O		R	E	M	D	R	F
X	L	H	T	E	C		C	L	O	P	S	H
M	L	W	Y	M	E		I	L	O	W	P	F
H	H	A	L	L	O		E	E	N	Y	S	X
C	W	T	Z	Q	M		M	M	Y	L	L	R
F	W	M	A	U	S		L	E	U	M	D	R
J	J	C	L	O	A		G	V	N	X	A	L
A	U	G	L	W	E		J	H	I	X	I	K
A	T	D	X	H	A		V	E	S	X	R	V
Y	Q	P	V	A	N		S	H	Y	Y	C	M
F	J	N	E	C	E		E	T	A	R	Y	L
C	F	E	Y	W	S		U	A	B	U	R	M

Color Me In

Form 5 different 5-letter words by using all the given letters and adding the letter in the Free Letter Box as often as necessary. Cross off each letter in the Letter Bank as you use it.

Free Letter

r

Letter Bank

a a a f i i j k l
l m n n o o p s
t w y

1. _____ _____ _____ _____ _____

2. _____ _____ _____ _____ _____

3. _____ _____ _____ _____ _____

4. _____ _____ _____ _____ _____

5. _____ _____ _____ _____ _____

Color Me In

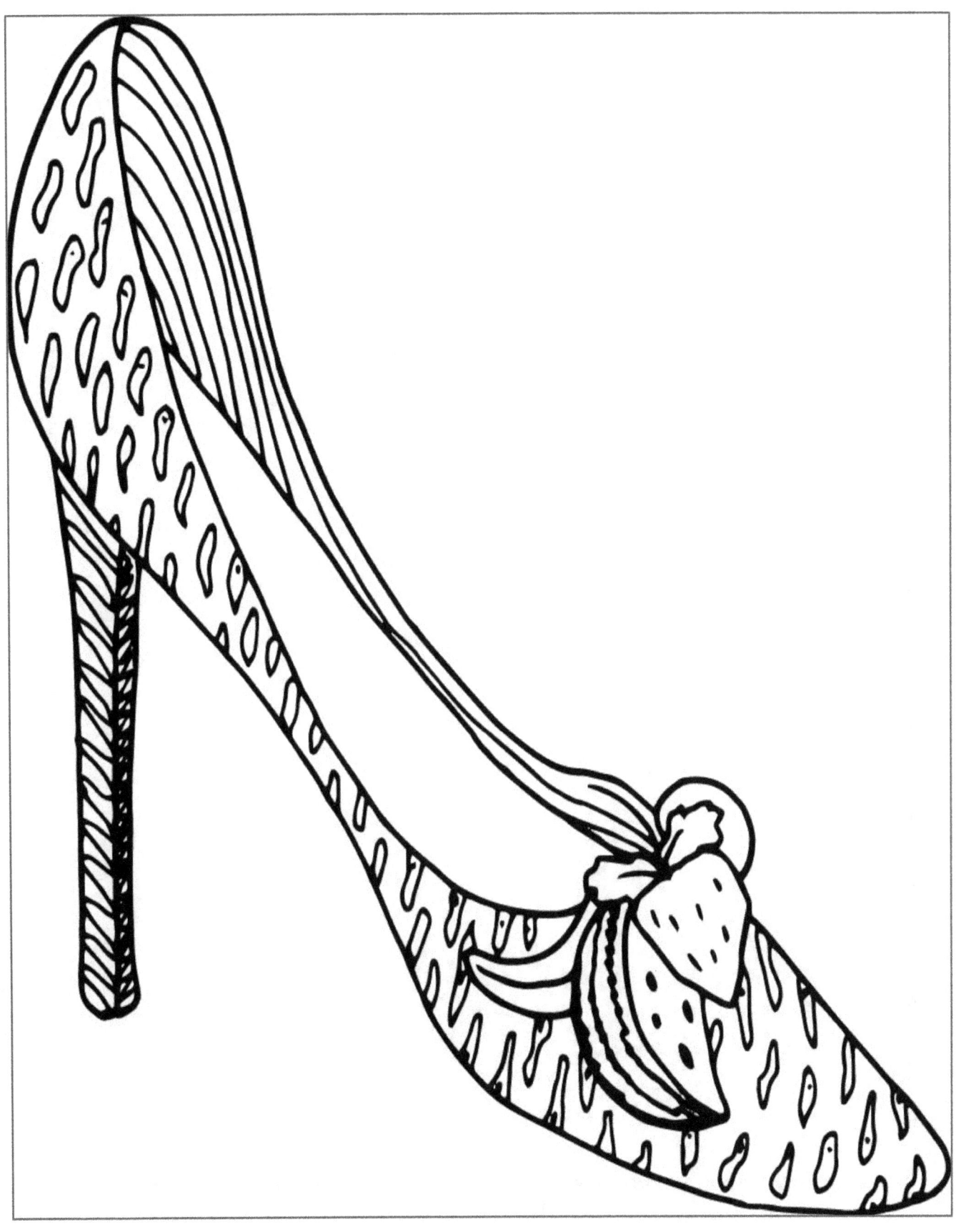

The spaces between the words in the following message have been eliminated and divided into pieces. Rearrange the pieces to reconstruct the messages. The dashes indicate the number of letters in each word.

```
VERR MALI TLYO GNOR SVAS ATED
BEIN
```

BEING NORMAL IS VASTLY OVERRATED.

Color Me In

The following words can be found in the diagram below reading forward, backward, up, down and diagonally. Find the words and circle them.

prank	flashlight
monster	cadaver
dead	mummy
macabre	hat
paint	spook
moon	grim

```
M M I F V F L A S H L I G H T K
Z P O X H A T S U H S O Z D L T
M X D N Z K S P O O K W R Y K V
O X C P S C L C K R Y U Q N R I
O P A I N T I Y A X Y E J R C N
N Q N J I L E T D J W T L I V W
Z U Q Q H I Y R Q H Z O F E X X
H K O U U W G N A P K T B S P X
R J O H R X G I E G W J L T H T
E V N Y R T M S I R W M K P B H
M G K L W O D T V D E A D L Y C
U I N I O B P H G L U V F D O S
M V A X O H H D J P K V A L Z Y
M G R I M F V K E X S M L D U C
Y T P B N N G Q B Z M Y O T A G
S D V C Z M A C A B R E H C Y C
```

Color Me In

Each of these Cryptograms is a message in substitution code. THE SILLY DOG might become UJD WQPPZ BVN if U is substituted for T, J for H, D for E, etc. One way to break the code is to look for repeated letters. E, T, A, O, N, R and I are the most often used letters. A single letter is usually A or I; OF, IS and IT are common 2-letter words; try THE or AND for a 3-letter group. The code is different for each Cryptogram.

1. Ga gi qwia b cwzvk xn kxvwi yxvwi!

2. Ma iaf yveo yo rof fto qhnjir yaieong.

3. Quihrs hb dhvw q Nqddxywwr eqbv inqi gxp api xr.

Organize a family game night and pull out old standards like Monopoly, Scrabble and Pictionary. Winners can earn points to cash in for small prizes or extra scoops of ice cream.

What do I need to do this activity?	Notes

Color Me In

Insert a different letter of the alphabet into each of the 26 empty boxes to form words reading across. The letter you insert may be at the beginning, the end or the middle of the word. Each letter of the alphabet will be used only once. Cross off each letter in the list as you use it. All the letters in each row are not necessarily used in forming the word.

Example: In the first row, we have inserted the letter Z to form the word OZONE

A B C D E F G H I J K L M N O P Q R S T U V W X Y ~~Z~~

N	M	D	F	C	O	Z	O	N	E	O	P	X
F	L	A	S	H	L		G	H	T	I	I	A
P	S	H	A	D	O		C	T	G	Y	T	X
P	X	P	M	U	M		Y	X	G	Q	Y	N
Q	N	S	P	O	O		N	X	M	H	R	N
R	E	J	Y	U	S		U	I	D	H	M	Q
G	K	I	M	A	U		O	L	E	U	M	H
A	H	F	Q	Z	F		A	C	K	V	X	P
Q	A	Y	E	Y	L		W	L	M	Q	Z	W
V	O	N	B	M	O		S	T	E	R	J	K
F	D	G	M	M	E		I	S	T	T	R	G
L	I	W	M	C	H		O	I	L	I	N	G
W	Z	A	P	P	A		I	T	I	O	N	R
T	B	B	U	W	W		H	A	S	T	L	Y
J	M	S	K	U	L		J	F	A	M	R	L
N	V	A	N	I	S		C	L	L	C	G	D
T	U	P	G	S	N		K	E	L	Q	R	N
C	W	S	O	G	R		Y	E	P	R	Z	F
C	J	C	D	W	T		A	I	N	T	O	L
D	R	E	A	D	F		L	D	X	B	Z	R
Y	K	V	C	R	A		T	Q	X	H	Y	U
Q	K	J	U	U	H		I	L	L	I	A	N
T	N	A	P	L	C		C	L	O	P	S	E
J	N	F	U	T	U		U	Z	V	T	V	Y
Z	U	S	H	E	A		S	T	O	N	E	G
A	V	U	T	W	I		K	E	D	G	P	X

Form 5 different 5-letter words by using all the given letters and adding the letter in the Free Letter Box as often as necessary. Cross off each letter in the Letter Bank as you use it.

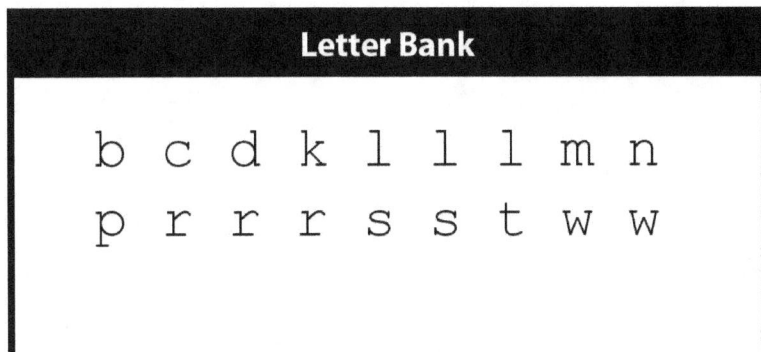

Free Letter

O

Letter Bank

b c d k l l l m n
p r r r s s t w w

1. ____ ____ ____ ____ ____

2. ____ ____ ____ ____ ____

3. ____ ____ ____ ____ ____

4. ____ ____ ____ ____ ____

5. ____ ____ ____ ____ ____

Go stargazing. Look for the Big Dipper, the Great Bear and other constellations in the night sky.

What do I need to do this activity?	Notes

The spaces between the words in the following message have been eliminated and divided into pieces. Rearrange the pieces to reconstruct the messages. The dashes indicate the number of letters in each word.

```
EAR  LHO  LLO  HEF  NNI  AST  BEA
GHT  UTI  WEE  INA  SSO  THI  GON
WLO  NOT  FUL  HIN  NHA
```

Solution:

NOTHING

ON EARTH

IS SO BEAUTIFUL

AS THE FINAL

HOWL ON HALLOWEEN

NIGHT.

Color Me In

The following words can be found in the diagram below reading forward, backward, up, down and diagonally. Find the words and circle them.

gravestone	jack
cyclops	shadow
games	blood
macabre	soldier
cape	afraid
ogre	brain

```
G A M E S S P G E O O G R E C M
X W Q C H P E S P F C I X U E C
M S H A D O W L A K R G O Y Y G
A A U P V T K B Y Y E B K C W R
C A A E D Q F W G L Y L L O J A
A I S T U S D L Z R K O A M A V
B F U W H S V L D S P O M E C E
R W C J S I U Q X S C D I R K S
E W B U B H B M S B Y Y V V G T
O Q R R R I R E V F H E X A P O
Z N N B A E W E Y Y Y G Z F L N
Y B K W I X F C L W U C F R Y E
X K F D N C H V B V I C S A M B
Q L L H Q X F R I C P O E I A K
Z O D Q Y A A D D I Z E E D I H
S W V I N H P D E U V M W K A B
```

Color Me In

Each of these Cryptograms is a message in substitution code. THE SILLY DOG might become UJD WQPPZ BVN if U is substituted for T, J for H, D for E, etc. One way to break the code is to look for repeated letters. E, T, A, O, N, R and I are the most often used letters. A single letter is usually A or I; OF, IS and IT are common 2-letter words; try THE or AND for a 3-letter group. The code is different for each Cryptogram.

1. Ntbwadx pvqd v xwvwdpduw. Nbxwhpdx wdtt v xwbgf.

2. Rqdelrh qr gsjde lf fq xgstdlytp sf deg ylrsp eqkp qr Esppqkggr rlhed.

3. Nqaje jk dbqyym obdm kjnsyb, qyy mfg cqob hf rf jk uqxh kfnbhcjxa qxr hcbx ybh mfgdkbyp cqob jh.

Challenge the kids to a bout of arm or thumb wrestling.

What do I need to do this activity?	Notes

Insert a different letter of the alphabet into each of the 26 empty boxes to form words reading across. The letter you insert may be at the beginning, the end or the middle of the word. Each letter of the alphabet will be used only once. Cross off each letter in the list as you use it. All the letters in each row are not necessarily used in forming the word.

Example: In the first row, we have inserted the letter Z to form the word OZONE

A B C D E F G H I J K L M N O P Q R S T U V W X Y ~~Z~~

F	O	V	I	S	O	Z	O	N	E	Z	M	S
M	K	H	E	A	R		H	R	S	H	Q	H
E	Y	E	P	A	T		H	D	A	Y	L	H
R	F	T	O	L	V		L	O	O	D	D	E
G	Q	L	F	T	O		B	D	E	B	M	X
H	I	U	G	O	B		I	N	T	H	C	B
D	D	E	A	U	G		I	L	L	I	A	N
J	H	S	I	T	K		I	C	K	E	D	Z
M	A	S	Q	U	E		A	D	E	Y	M	R
V	B	G	C	Y	Y		E	A	T	H	I	X
I	B	I	H	D	H		Y	R	I	D	E	S
P	E	D	K	G	O		X	Y	F	F	H	A
R	B	K	G	H	O		T	I	R	O	L	B
Z	K	L	V	M	A		E	U	P	T	V	U
W	I	J	Z	N	N		R	I	M	Z	M	Y
B	Q	R	U	H	A		R	A	I	D	X	N
T	E	R	R	I	F		F	V	N	X	D	E
G	O	O	S	E	B		M	P	S	K	R	D
V	U	I	M	J	E		U	D	E	U	O	V
M	B	W	Q	C	S		U	A	D	J	N	L
J	P	B	R	A	I		Y	F	T	P	T	R
S	I	C	B	W	D		A	C	K	R	N	Y
A	F	T	E	R	L		F	E	M	S	V	J
H	H	Z	O	K	G		A	S	T	L	Y	Y
Z	O	C	A	P	O		C	O	R	N	V	T
W	Z	M	T	I	P		T	R	I	F	Y	O

Color Me In

Form 5 different 5-letter words by using all the given letters and adding the letter in the Free Letter Box as often as necessary. Cross off each letter in the Letter Bank as you use it.

Free Letter

a

Letter Bank

c e e g h h i j k
l l n n o r r s s
s t t u

1. _____ _____ _____ _____ _____

2. _____ _____ _____ _____ _____

3. _____ _____ _____ _____ _____

4. _____ _____ _____ _____ _____

5. _____ _____ _____ _____ _____

See who can create the best shadow figures. All you need is a flashlight, a sheet and your hands.

What do I need to do this activity?	Notes

Color Me In

Insert a different letter of the alphabet into each of the 26 empty boxes to form words reading across. The letter you insert may be at the beginning, the end or the middle of the word. Each letter of the alphabet will be used only once. Cross off each letter in the list as you use it. All the letters in each row are not necessarily used in forming the word.

Example: In the first row, we have inserted the letter Z to form the word OZONE

A B C D E F G H I J K L M N O P Q R S T U V W X Y ~~Z~~

N	M	D	F	C	O	**Z**	O	N	E	O	P	X
F	L	A	S	H	L		G	H	T	I	I	A
P	S	H	A	D	O		C	T	G	Y	T	X
P	X	P	M	U	M		Y	X	G	Q	Y	N
Q	N	S	P	O	O		N	X	M	H	R	N
R	E	J	Y	U	S		U	I	D	H	M	Q
G	K	I	M	A	U		O	L	E	U	M	H
A	H	F	Q	Z	F		A	C	K	V	X	P
Q	A	Y	E	Y	L		W	L	M	Q	Z	W
V	O	N	B	M	O		S	T	E	R	J	K
F	D	G	M	M	E		I	S	T	T	R	G
L	I	W	M	C	H		O	I	L	I	N	G
W	Z	A	P	P	A		I	T	I	O	N	R
T	B	B	U	W	W		H	A	S	T	L	Y
J	M	S	K	U	L		J	F	A	M	R	L
N	V	A	N	I	S		C	L	L	C	G	D
T	U	P	G	S	N		K	E	L	Q	R	N
C	W	S	O	G	R		Y	E	P	R	Z	F
C	J	C	D	W	T		A	I	N	T	O	L
D	R	E	A	D	F		L	D	X	B	Z	R
Y	K	V	C	R	A		T	Q	X	H	Y	U
Q	K	J	U	U	H		I	L	L	I	A	N
T	N	A	P	L	C		L	O	P	S	E	
J	N	F	U	T	U		Z	V	T	V	Y	
Z	U	S	H	E	A		S	T	O	N	E	G
A	V	U	T	W	I		K	E	D	G	P	X

Color Me In

Form 5 different 5-letter words by using all the given letters and adding the letter in the Free Letter Box as often as necessary. Cross off each letter in the Letter Bank as you use it.

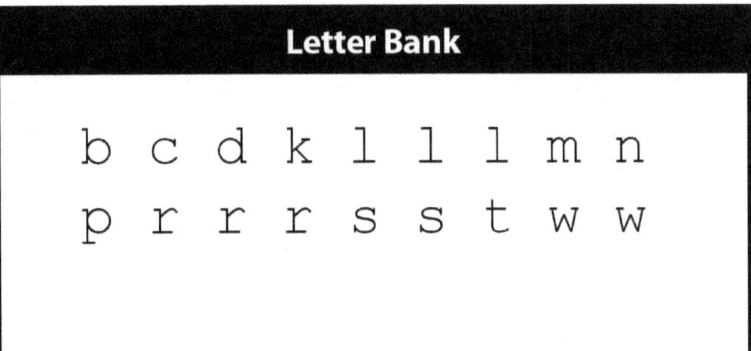

1. ____ ____ ____ ____ ____

2. ____ ____ ____ ____ ____

3. ____ ____ ____ ____ ____

4. ____ ____ ____ ____ ____

5. ____ ____ ____ ____ ____

Color Me In

The spaces between the words in the following message have been eliminated and divided into pieces. Rearrange the pieces to reconstruct the messages. The dashes indicate the number of letters in each word.

```
EAR  LHO  LLO  HEF  NNI  AST  BEA
GHT  UTI  WEE  INA  SSO  THI  GON
WLO  NOT  FUL  HIN  NHA
```

__ __ __ __ __ __

__ __ __ __ __ __

__ __ __ __ __ __ __ __ __

__ __ __ __ __ __ __ __ __

__ __ __ __ __ __ __ __ __ __ __ __

__ __ __ __ __ .

Color Me In

Get dirty making mud pies or dirt sundaes..

What do I need to do this activity?	Notes

The following words can be found in the diagram below reading forward, backward, up, down and diagonally. Find the words and circle them.

gravestone	jack
cyclops	shadow
games	blood
macabre	soldier
cape	afraid
ogre	brain

```
G A M E S S P G E O O G R E C M
X W Q C H P E S P F C I X U E C
M S H A D O W L A K R G O Y Y G
A A U P V T K B Y Y E B K C W R
C A A E D Q F W G L Y L L O J A
A I S T U S D L Z R K O A M A V
B F U W H S V L D S P O M E C E
R W C J S I U Q X S C D I R K S
E W B U B H B M S B Y Y V V G T
O Q R R R I R E V F H E X A P O
Z N N B A E W E Y Y Y G Z F L N
Y B K W I X F C L W U C F R Y E
X K F D N C H V B V I C S A M B
Q L L H Q X F R I C P O E I A K
Z O D Q Y A A D D I Z E E D I H
S W V I N H P D E U V M W K A B
```

Color Me In

Each of these Cryptograms is a message in substitution code. THE SILLY DOG might become UJD WQPPZ BVN if U is substituted for T, J for H, D for E, etc. One way to break the code is to look for repeated letters. E, T, A, O, N, R and I are the most often used letters. A single letter is usually A or I; OF, IS and IT are common 2-letter words; try THE or AND for a 3-letter group. The code is different for each Cryptogram.

1. Ntbwadx pvqd v xwvwdpduw. Nbxwhpdx wdtt v xwbgf.

2. Rqdelrh qr gsjde lf fq xgstdlytp sf deg ylrsp eqkp qr Esppqkggr rlhed.

3. Nqaje jk dbqyym obdm kjnsyb, qyy mfg cqob hf rf jk uqxh kfnbhcjxa qxr hcbx ybh mfgdkbyp cqob jh.

Dig up rocks to see the critters that live underneath.

What do I need to do this activity?	Notes

Insert a different letter of the alphabet into each of the 26 empty boxes to form words reading across. The letter you insert may be at the beginning, the end or the middle of the word. Each letter of the alphabet will be used only once. Cross off each letter in the list as you use it. All the letters in each row are not necessarily used in forming the word.

Example: In the first row, we have inserted the letter Z to form the word OZONE

A B C D E F G H I J K L M N O P Q R S T U V W X Y ~~Z~~

F	O	V	I	S	O	**Z**	O	N	E	Z	M	S
M	K	H	E	A	R		H	R	S	H	Q	H
E	Y	E	P	A	T		H	D	A	Y	L	H
R	F	T	O	L	V		L	O	O	D	D	E
G	Q	L	F	T	O		B	D	E	B	M	X
H	I	U	G	O	B		I	N	T	H	C	B
D	D	E	A	U	G		I	L	L	I	A	N
J	H	S	I	T	K		I	C	K	E	D	Z
M	A	S	Q	U	E		A	D	E	Y	M	R
V	B	G	C	Y	Y		E	A	T	H	I	X
I	B	I	H	D	H		Y	R	I	D	E	S
P	E	D	K	G	O		X	Y	F	F	H	A
R	B	K	G	H	O		T	I	R	O	L	B
Z	K	L	V	M	A		E	U	P	T	V	U
W	I	J	Z	N	N		R	I	M	Z	M	Y
B	Q	R	U	H	A		R	A	I	D	X	N
T	E	R	R	I	F		F	V	N	X	D	E
G	O	O	S	E	B		M	P	S	K	R	D
V	U	I	M	J	E		U	D	E	U	O	V
M	B	W	Q	C	S		U	A	D	J	N	L
J	P	B	R	A	I		Y	F	T	P	T	R
S	I	C	B	W	D		A	C	K	R	N	Y
A	F	T	E	R	L		F	E	M	S	V	J
H	H	Z	O	K	G		A	S	T	L	Y	Y
Z	O	C	A	P	O		C	O	R	N	V	T
W	Z	M	T	I	P		T	R	I	F	Y	O

Color Me In

Form 5 different 5-letter words by using all the given letters and adding the letter in the Free Letter Box as often as necessary. Cross off each letter in the Letter Bank as you use it.

Free Letter

a

Letter Bank

c e e g h h i j k
l l n n o r r s s
s t t u

1. ____ ____ ____ ____ ____

2. ____ ____ ____ ____ ____

3. ____ ____ ____ ____ ____

4. ____ ____ ____ ____ ____

5. ____ ____ ____ ____ ____

Organize a massive water gun battle.

What do I need to do this activity?	Notes

```
S X J P T N T A M Y X S B L T E
P F C J S I S Z I N Q V M S N B
M E C Q J C A Y V N R B W C A N
U P A U S R F L W I V R H O R E
B O T O Z B E U N X V A S N E T
E U O C Q B U M C K N I G U B E
S B M G X U B M K T L N Q A L L
O O R F F F O R C B X Q F R E E
O O I H G D O T J N A D P N K K
G N H M Z E G T C A E T G K Z S
I L W Z H R N E A V K D P T R P
X G C C I T K U T E X U O I R A
T Q T J E N I W B M W W G X Z L
R I Q B O X E X R E T A R I P O
P R K S P F B H F V X P E A L X
H A T W M K S I H S T O M B U Z
```

1. Fymptfq yf uogmp ti iy luozmtczb oi mpu ctfob pysb yf Pobbysuuf ftqpm.

    Nothing on earth is so beautiful as the final howl on Halloween night.

2. Dzabmb frg davtwrb xaej ma otfu ar mzj swrft gfu as Axmavjp!

    Ghosts and goblins come to play on the final day of October!

3. Uvtlboc pjqo j cljlopoil. Utclnpoc lovv j cltgm.

    Clothes make a statement. Costumes tell a story.

K	Q	S	B	C	O	**Z**	O	N	E	E	Y	B
A	A	A	F	P	I	R	A	T	E	M	A	S
P	O	P	C	O	R	N	A	M	K	C	Y	O
Y	M	A	W	H	E	X	I	L	E	F	P	E
X	J	D	E	A	T	H	B	G	N	O	X	Y
X	D	Q	L	I	N	S	P	I	R	I	T	P
X	T	E	R	R	I	F	Y	O	D	E	A	N
H	C	T	R	O	L	L	S	V	R	P	T	P
B	J	X	S	U	S	C	A	T	W	I	D	M
M	M	A	S	Q	U	E	R	A	D	E	O	J
R	M	O	R	B	I	D	K	J	S	R	Z	I
B	G	Q	Q	H	E	A	R	T	V	O	A	K
H	Z	B	L	D	C	J	A	C	K	Y	P	M
G	N	X	B	B	V	P	A	R	T	Y	C	M
L	J	K	U	U	O	G	R	E	M	D	R	F
X	L	H	T	E	C	Y	C	L	O	P	S	H
M	L	W	Y	M	E	V	I	L	O	W	P	F
H	H	A	L	L	O	W	E	E	N	Y	S	X
C	W	T	Z	Q	M	U	M	M	Y	L	L	R
F	W	M	A	U	S	O	L	E	U	M	D	R
J	J	C	L	O	A	K	G	V	N	X	A	L
A	U	G	L	W	E	B	J	H	I	X	I	K
A	T	D	X	H	A	T	V	E	S	X	R	V
Y	Q	P	V	A	N	I	S	H	Y	Y	C	M
F	J	N	E	C	E	M	E	T	A	R	Y	L
C	F	E	Y	W	S	Q	U	A	B	U	R	M

Free Letter

r

Letter Bank

a a a f i i j k l
l m n n n o o p s
t w y

1. p r a n k
2. t r o l l
3. n i n j a
4. w o r m s
5. f a i r y

being normal is vastly overrated.

```
M M I F V F L A S H L I G H T K
Z P O X H A T S U H S O Z D L T
M X D N Z K S P O O K W R Y K V
O X C P S C L C K R Y U Q N R I
O P A I N T I Y A X Y E J R C N
N Q N J I L E T D J W T L I V W
Z U Q Q H I Y R Q H Z O F E X X
H K O U U W G N A P K T B S P X
R J O H R X G I E G W J L T H T
E V N Y R T M S I R W M K P B H
M G K L W O D T V D E A D L Y C
U I N I O B P H G L U V F D O S
M V A X O H H D J P K V A L Z Y
M G R I M F V K E X S M L D U C
Y T P B N N G Q B Z M Y O T A G
S D V C Z M A C A B R E H C Y C
```

1. Ga gi qwia b cwzvk xn kxvwi yxvwi!

    It is just a bunch of hocus pocus!

2. Ma iaf yveo yo rof fto qhnjir yaieong.

    Do not make me get the flying monkeys.

3. Quihrs hb dhvw q Nqddxywwr eqbv inqi gxp api xr.

    Acting is like a Halloween mask that you put on.

N	M	D	F	C	O	**Z**	O	N	E	O	P	X
F	L	A	S	H	L	I	G	H	T	I	I	A
P	S	H	A	D	O	W	C	T	G	Y	T	X
P	X	P	M	U	M	M	Y	X	G	Q	Y	N
Q	N	S	P	O	O	K	N	X	M	H	R	N
R	E	J	Y	U	S	Q	U	I	D	H	M	Q
G	K	I	M	A	U	S	O	L	E	U	M	H
A	H	F	Q	Z	F	J	A	C	K	V	X	P
Q	A	Y	E	Y	L	O	W	L	M	Q	Z	W
V	O	N	B	M	O	N	S	T	E	R	J	K
F	D	G	M	M	E	X	I	S	T	T	R	G
L	I	W	M	C	H	B	O	I	L	I	N	G
W	Z	A	P	P	A	R	I	T	I	O	N	R
T	B	B	U	W	W	G	H	A	S	T	L	Y
J	M	S	K	U	L	L	J	F	A	M	R	L
N	V	A	N	I	S	H	C	L	L	C	G	D
T	U	P	G	S	N	A	K	E	L	Q	R	N
C	W	S	O	G	R	E	Y	E	P	R	Z	F
C	J	C	D	W	T	P	A	I	N	T	O	L
D	R	E	A	D	F	U	L	D	X	B	Z	R
Y	K	V	C	R	A	F	T	Q	X	H	Y	U
Q	K	J	U	U	H	V	I	L	L	I	A	N
T	N	A	P	L	C	Y	C	L	O	P	S	E
J	N	F	U	T	U	T	U	Z	V	T	V	Y
Z	U	S	H	E	A	D	S	T	O	N	E	G
A	V	U	T	W	I	C	K	E	D	G	P	X

Free Letter

o

Letter Bank

b c d k l l l m n
p r r r s s t w w

1. w o r m s
2. t r o l l
3. c r o w n
4. b l o o d
5. s p o o k

nothing

on earth

is so beautiful

as the final

howl on halloween

night.

```
G A M E S S P G E O O G R E C M
X W Q C H P E S P F C I X U E C
M S H A D O W L A K R G O Y Y G
A A U P V T K B Y Y E B K C W R
C A A E D Q F W G L Y L O J A
A I S T U S D L Z R K O A M A V
B F U W H S V L D S D O M E C E
R W C J S I U Q X S C D I R K S
E W B U B H B M S B Y Y V V G T
O Q R R R I K E V F H E X A P O
Z N N B A L W E Y Y Y G Z F L N
Y B K W I X F C L W U C F R Y E
X K F D N C H V B V I C S A M B
Q L L H Q X F R I C P O E I A K
Z O D Q Y A A D D I Z E E D I H
S W V I N H P D E U V M W K A B
```

1. Ntbwadx pvqd v xwvwdpduw. Nbxwhpdx wdtt v xwbgf.

    Clothes make a statement. Costumes tell a story.

2. Rqdelrh qr gsjde lf fq xgstdlytp sf deg ylrsp eqkp qr Esppqkggr rlhed.

    Nothing on earth is so beautiful as the final howl on Halloween night.

3. Nqaje jk dbqyym obdm kjnsyb, qyy mfg cqob hf rf jk uqxh kfnbhcjxa qxr hcbx ybh mfgdkbyp cqob jh.

    Magic is really very simple, all you have to do is want something and then let yourself have it.

F	O	V	I	S	O	**Z**	O	N	E	Z	M	S
M	K	H	E	A	R	T	H	R	S	H	Q	H
E	Y	E	P	A	T	C	H	D	A	Y	L	H
R	F	T	O	L	V	B	L	O	O	D	D	E
G	Q	L	F	T	O	M	B	D	E	B	M	X
H	I	U	G	O	B	L	I	N	T	H	C	B
D	D	E	A	U	G	V	I	L	L	I	A	N
J	H	S	I	T	K	W	I	C	K	E	D	Z
M	A	S	Q	U	E	R	A	D	E	Y	M	R
V	B	G	C	Y	Y	D	E	A	T	H	I	X
I	B	I	H	D	H	A	Y	R	I	D	E	S
P	E	D	K	G	O	O	X	Y	F	F	H	A
R	B	K	G	H	O	S	T	I	R	O	L	B
Z	K	L	V	M	A	K	E	U	P	T	V	U
W	I	J	Z	N	N	G	R	I	M	Z	M	Y
B	Q	R	U	H	A	F	R	A	I	D	X	N
T	E	R	R	I	F	Y	F	V	N	X	D	E
G	O	O	S	E	B	U	M	P	S	K	R	D
V	U	I	M	J	E	X	U	D	E	U	O	V
M	B	W	Q	C	S	Q	U	A	D	J	N	L
J	P	B	R	A	I	N	Y	F	T	P	T	R
S	I	C	B	W	D	J	A	C	K	R	N	Y
A	F	T	E	R	L	I	F	E	M	S	V	J
H	H	Z	O	K	G	H	A	S	T	L	Y	Y
Z	O	C	A	P	O	P	C	O	R	N	V	T
W	Z	M	T	I	P	E	T	R	I	F	Y	O

Free Letter

a

Letter Bank

c e e g h h i j k
l l n n o r r s s
s t t u

1. n i n j a
2. h e a r t
3. g h o s t
4. s k u l l
5. s c a r e

never take candy from strangers.

```
L L T U T U E D E N P I R A T E
I T S L E P D S P U U E L N A T
S D H O C W N K Z E J N N U L U
O Z A S X D F G X R K P N K U N
L C D C P W H B K H E A R Y J N
D G O B L I N A M U A I Q P D E
I N W E Y N W W Q B E N C R S R
E O T M B O P E D L T L A K V
R E W S J U C J E H W J X N U I
A X C Y E K N Y U B A W Q K L N
T J R H V A Y V L K H P G A L G
Y B D I I I Z S G A P I Y A H T
C H P L L S A Z K I X G T I N I
P N L H Q Q Q Z Q I F Q Y O P Z
V I I B D Y T D X E L V K E E X
V N T L V J C L J T U P K T D Z
```

1. Zghje jl twguux iwtx ljznuw, guu xys pgiw by qy jl agkb lyzwbpjkh gkq bpwk uwb xysflwuo pgiw jb.

    Magic is really very simple, all you have to do is want something and then let yourself have it.

2. Uzqcgc vtx uqlhatc eqbk gq ihvj qt gzk oatvh xvj qo Qegqlky!

    Ghosts and goblins come to play on the final day of October!

3. Vwqd bvwo, pdv Rovwp Usjuatm otzvz isp ix pdv usjuatm uwpd pdwp dv pdtmaz tz pdv jizp ztmqvov.

    Each year, the Great Pumpkin rises out of the pumpkin path that he thinks is the most sincere.

Q	Y	A	N	G	A	**Z**	E	D	Y	F	Y	G
F	T	E	R	R	I	B	L	E	J	O	X	Q
K	U	N	N	E	R	V	I	N	G	I	V	X
Z	R	Z	Y	P	I	H	A	T	H	I	C	R
S	D	F	Y	Z	S	C	A	R	E	Y	X	J
X	E	Y	E	B	A	L	L	S	G	T	N	P
B	V	S	S	S	E	M	O	O	N	M	V	P
X	P	U	M	P	K	I	N	L	U	D	L	K
J	O	H	A	B	A	T	V	T	F	R	H	E
T	A	S	R	G	M	P	R	A	N	K	E	W
G	A	F	L	S	C	Y	C	L	O	P	S	M
N	Z	O	F	S	S	Q	U	A	D	T	S	N
I	M	O	N	S	T	E	R	C	F	Z	Q	Z
A	B	L	C	O	B	W	E	B	E	J	A	H
X	Y	J	P	A	I	N	T	Q	C	L	B	A
J	S	D	R	E	A	D	F	U	L	U	J	P
I	P	E	T	R	I	F	Y	I	A	I	T	U
C	T	S	D	C	L	J	A	C	K	Y	N	K
Z	M	B	M	T	B	O	I	L	I	N	G	X
I	P	M	S	F	T	R	E	A	T	O	D	H
G	N	D	I	S	G	U	I	S	E	X	Z	F
L	Z	D	A	W	T	G	H	O	S	T	S	Z
B	N	G	C	A	C	K	L	E	V	G	G	V
O	C	U	Q	P	N	S	C	R	E	A	M	O
T	I	R	B	A	G	A	M	E	S	L	T	C
D	Q	X	R	F	A	X	E	S	F	G	F	M

Free Letter

o

Letter Bank

a a b b c d f g h
i l m n r r s s
t t w

1. w o r m s

2. c r a f t

3. b l o o d

4. g h o s t

5. b r a i n

```
D E N W E L B I R R O H E H W O
V I M P S V M Y Z U P H W B E N
M Q S A T G M M P V O T O M B S
U I K G Z Q G O L S D D R O Q N
B O K G U T S R V M W J M Y M A
J S T V E I J R S D A D S D Q K
K R C D U F S R L H F V Z B I E
W L H I V Z Q E C R E L I X O I
B S Z L J B O R E H G P P L L O
N T K Z B T U B E W L F H T D F
W C E O B P X D D H B K K R Z A
W C O J W Z I X S T R A E H D L
Y P O E W I H S L L H E N B F L
Q S C A R E F G A P X A P L A O
V W N P A R T Y E T G H S U V W
W R N O I T I R A P P A E D S K
```

www.ingramcontent.com/pod-product-compliance
Lightning Source LLC
LaVergne TN
LVHW060203080526
838202LV00052B/4190